意志力の法則

What You Can Do With Your Will Power

著　ラッセル・ハーマン・コンウェル
訳　関岡 孝平

あなたは、その場所で、
成功や幸福を手にすることができます。
そして、未来を望むとおりに導くことができます。
成功はあなたの手の内にあります。

このすべての話は「成功」をつかみとる方法を教えてくれます。

訳者まえがき

本書の著者ラッセル・H・コンウェル（1843～1925）は、アメリカの名門テンプル大学の創設者で、初代学長も務めた人です。啓蒙家としても大いに活躍し、全米各地で講演活動を行いました。中でも最も有名な講演が、6000回以上にわたって行われたという『Acres of Diamonds』で、後に本として出版され、邦訳も複数出ています（『富と幸福の探し方』パンローリングほか）。

本書はそのコンウェルが著した、成功哲学のもうひとつの名著です。

本書におけるコンウェルの主張は、タイトルにもあるように「意志力」がキーワードになっています。「私はやる」――そう決意して行動しさえすれば、そして、そう決意して行動した者だけが、成功を手にすることができる――コンウェルは、豊富な実話を裏づけにしながら、読者に繰り返しそう呼びかけます。

名講演家らしく、コンウェルの語り口は力強さと熱意と納得性に満ちており、私は読んでいて胸が熱くなるとともに、その主張がすっと腑に落ちるのを感じました。成功も失敗も含めて、これまでの人生の中で思い当たる経験が少なからずあったからです。読者のみなさまもきっと私と同じ思いを共有していただけるのではないかと思います。

それ以外にも、本書には、人生を成功に導くためのヒントが満ちています。いわく「自己投資をするなら、世の中の需要があるものを対象にせよ」、いわく「人は自らが思い描くとおりの人間になる」、いわく「『そこそこ』は呪いの言葉」、いわく「人生において敵を作ることほど高くつくものはない」。

きりがないので、これくらいにしておきましょう。読者のみなさまには、これらの珠玉の言葉をその目で確かめていただき、それらを参考に「私はやる」の精神で人生に立ち向かい、ぜひ成功の美酒に酔っていただければと思います。

関岡　孝平

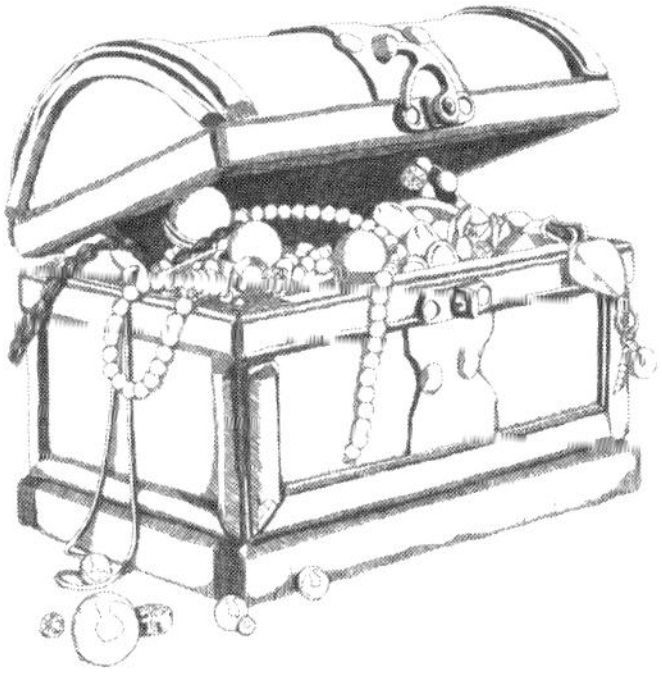

本書について

この本では、歴史の中に輝かしく名を残したものから、人から人へ語り継がれる類のものまで、たくさんの普遍的エピソードが語られています。

全てのエピソードに共通するテーマは**「成功をつかみとる『意志』の力」**です。

意志の力を正しく使ったことで幸せや成功をつかみとった人々のさまざまな実話が集められています。

●イギリスの苦学生からフィラデルフィア市長になった少年の話。

●7歳で学校を退学したコネチカット州の農家の子が、オハイオ大学動物学教授になった話。

●世界で最も偉大な人物として挙げられるリンカーン大統領が成功した秘訣。

●マサチューセッツ州知事のトールボットがその地位を得られた理由。

●ベネチアの貧民街から新イタリア王国建国の父にまで上り詰めた偉大な政治家ダニエーレ・マニンの話。

●後に大実業家となった、若い出納係が勤め先である銀行の危機を救った方法。

●その日暮らしをしていた若者が、リングの謎を解いたことで手に入れたものの話。

本書をお読みになる際、みなさんの念頭にまず置いておいていただきたい言葉があります。

「努力をすれば必ず成功するわけではない。しかし成功者は一人残らず必ず努力している」

努力の対価が必ずしも成功や幸福の享受ではないと悟りながら、それでも成功や幸福を渇望する時、必須の要素は努力の仕方、すなわち**「ひとつのことにフォー**

カスを定め、継続して取り組む」ことにほかなりません。

本書で繰り返し説かれるのが、その行為をコントロールする唯一にして絶対の力の源、**「あなたの意志の力」**です。

本書に列記されるさまざまな成功談の裏に散見される光と同じものが、あなたの奥底でその蓋を開けられるのを待っています。

ぜひ、それぞれのエピソードの情景を頭の中でイメージしながら、本書を読み進めていただきたいと思います。

PREFACE

進むべき道は他の本がすでに詳しく的確に示してくれています。

私がこのにわか作りの文章に期待するのは、

若い人たちが**実際に立ち上がってその道を進む**気になってくれることです。

ラッセル・H・コンウェル

目次

第1章　意志のあるところに道は開ける

——私たちはみな知らず知らずのうちに宝の山の上を歩いている

成功の女神はひっそりと隠れていたりなどしません。その声は街中に響きわたり、荒野の中を駆け抜けています。彼女が声高に叫んでいるのはただひと言——「『意志』を持て」です。

ごく平凡な若者であっても、その言葉に耳を傾ける気持ちがあるなら、最高の人生を手にするための武器をすでにその手にしているのです。

若い男女の皆さんにアドバイスしたいことがひとつあります。それは、これまで15年以上にわたって、私が教壇や演壇からとつとつと訴え続けてきたものです。それが正しいことは、これまで私が目にしてきた数多くの成功例が裏づけています。

そのアドバイスとはこうです。

「あなたの未来は、切り出されたばかりの大理石としてあなたの前に立っています。あなたはそれを望みどおりに加工することができます。遺伝も、環境も、他人によって置かれた障害も、成功に向かって進むあなたの歩みを止めることはできません。その歩みが強く固い決意に導かれたものであり、あなたが普通の健康と知性を持っていさえすれば、成功はあなたの手の内にあります」

決意こそが、人生という道を前へ進むための推進力となり、逆境という弾丸から身を守る鎧となります。

私がここ数年特に心がけて行ってきたことがあります。それは、若い人たちの心にあるひとつの真理を刻み込むことです。

その真理とは**「自らの『意志』を解き放ち、『進め』と告げさえすれば、成功に向かって進みはじめる」**というものです。

フィラデルフィアのテンプル大学の前身となった学校は、高等教育を受けたいと望む貧しい若者にその機会を与えるため、今から約30年前の1884年に設立されました。以来9万人の学生がその門をくぐるのを私は見届けてきました。

その多くはお金を持たない貧しい学生ですが、教育を受けたいという固い決意だけは共通していました。その目的を果たせずに逃げ帰った者は、私の知るかぎりひとりもいません。

固い決意はどんな障害物でも打ち砕いてしまう強い力を持っているのです。

その反対に、意志の欠如は、あなたを失敗へと導く強力な武器となります。

世の中で一番救いようのない人間は、何もせずただうろつきまわっているだけで、そのうち成功へのドアをくぐることもあるだろうと考えている人です。

黙っていても誰かが自分の面倒を見てくれるとか、壺のなかの灯油は決して尽きることがないとか、食事の時間になれば魚が勝手にボートの中に飛び込んでくる――そう考える人です。

そういう人にかかると、まるで人生は奇跡の連続でできているかのようです。自分は幸運の星のもとに生まれたと信じ、何もせず怠けて暮らし、世間は自分の面倒を見て当然だなどと臆面もなく言い放つのです。

しかし、自分で稼ごうとしない人間に対して世間は何もしてくれません。

この世では、自分にふさわしいものしか手に入れることができませんし、何かをもらったらそれと等価なものを返さないといけないのです。何もしないでうまくいくことなどありえません。

さまざまなハンディキャップを持ちながら、神が与えた能力を精いっぱい使って、意志の力と粘り強い努力だけで成功を手にした若者を私はたくさん知っています。

イギリスの苦学生からフィラデルフィア市長になった少年

30年ほど前のこと、ひとりの若いイギリス人が私のオフィスを訪ねて来ました。彼は私の大学の夜学で弁論術を学びたいと言います。

「それなら、法律の道へ進んだらどうだい」と私は勧めました。するとその若者は悲しげに首を横に振って言いました。

「そんなお金はありません。とても無理です！」

「もちろん、無理だろうね」

私は冷たく言い返しました。

「君にその気がないんじゃね」

翌晩彼は再び私の部屋を訪れました。その顔は晴れ晴れとして、目には強い決意の色がうかがえました。

「弁護士になろうと決めました」

そう言う彼の声は本気を感じさせるものでした。

その後彼はフィラデルフィア市長となりましたが、そうなってから何度も何度も、あれが自分のターニングポイントだったと振り返ったに違いありません。

7歳で学校を退学した農家の子が、オハイオ大学の動物学教授になった話

頭が悪く、教えても無駄だと教師からさじを投げられたコネチカットの農家の子どもがいました。その子は7歳のときに学校を退学し、21歳になるまで父親の農場で働いていました。

そして、いつしか動物の起源と進化の問題に関心を持つようになっていました。動物学に関する本を読みあさりはじめただけでなく、知識を深めるために学

校へと戻り、14年前に中断したところから勉強を再開したのです。

そんな彼を知る誰かが言いました。「その気にさえなれば、君は優秀な学者になれるぞ」

その励ましは彼の心に希望の灯をともしました。その灯は次第に大きくなって、やがて本気でそうなりたいと考えるようになりました。

28歳でテンプル大学に入ると、私たちの支援を得て、自分の希望へと向かって歩みはじめたのです。

現在、彼はオハイオ大学の動物学教授になっています。

こうした話を私はいくらでも挙げることができます。

奨学金を得てテンプル大学に入った若者で、病気以外の理由で脱落した者を私はひとりとして知りません。もちろん、私たちが支援するのはもともと自立心のある若者だけですが。

向かうべき目標をしっかり定めさえすれば、見晴し台に立ったかのように見通しがよくなり、目標を手にするのに役立つあらゆるものが目に見え、手にすることができるようになるものなのです。

若い人が「『自分の思うとおりになるなら』弁護士にでも、技師にでも、何にでもなれるんだけど」と言うのを聞くたびに私はこう返します。

「なろうと思えば何にでもなれるよ。ただし、それが今から十年後でも世の中が必要にしているものとしてだが」

若い人たちに心に留めてほしい重要な原則がひとつあります。

それは、自分を投資するにせよお金を投資するにせよ、**需要があると分かっているもの**を対象にせよということです。自分の能力に合っているだけでなく、世の中が実際に必要としている職業を選ばなければいけません。

自分の生涯の仕事となるものをできるだけ早く見つけましょう。そうすれば、本を読んだり、見たり、聞いたりするなどして目的達成のための準備を早くからすることができます。学校だけでなく、学校の外でも学べることがたくさんあります。

この世界はたくさんのチャンスで満ちています。なろうと思えば誰もがお金持ちになれます。

敬虔な心を失わないためには、貧しくつつましやかに暮らさなければならないなどと言う人もいますが、それは間違っています。

諸悪の根源にあるのはお金ではなく、金銭欲です。お金そのものは人類にとって役に立つ大切なものです。

私たちはみな知らず知らずのうちに宝の山の上を歩いています。その事実が私の講義の出発点になっています。

自分たちの宝はどこか遠くの国に眠っていると考える人たちがいますが、そうではありません。

宝はたいてい、自分の家の裏庭や、表玄関の階段に横たわっています。彼らにはそれが見えないのです。大金持ちになった人はたいてい自分の周りを見回して宝の山を発見しています。

以前、私はアメリカの富豪4043人について追跡調査をしたことがあります。そのうち20人以外はすべて貧しい家の出でした。また、40人を除いてすべての人が地域社会に対して大金を寄付し、従業員にも利益を公平に分配しています。ところがなんと、金持ちの家に生まれた子息のうち、死ぬまで金持ちだった人は17人に1人の割合しかいないそうです。

若いときにのらくらと気楽に暮らしていたら、成功への原動力である人格を磨くことができないのです。

意志の力は努力して身につけることができるのはもちろん、マッチ1本で爆発する火薬のように、あることをきっかけに急に伸びることがあります。

こう書いて、あの素晴らしい人物、エイブラハム・リンカーンのことを思い出しました。非常に光栄なことに、私は一度お目にかかったことがあります。

そのリンカーンも、あの驚嘆すべき意志力を身につけたのは21歳を過ぎてからでした。それ以前はふらふらと移り気な、ただ気がいいだけの若者だったのです。

私が今でも後悔しているのは、彼をさなぎから蝶へとかえし、意志という名の羽を与えたのが何かを大統領にお聞きするのを忘れたことです。

燃え上がる野望と強い意志の力で成功を得た学生

ずいぶん前のことになりますが、テンプル大学の学生が名門ベルビュースト
ラットフォードホテルの向かいのビルで会議を開いたことがあります。
学生たちがそのビルを出ようとすると、向かいの道路の脇でピーナッツを売っ
ている外国人がいました。
学生たちはピーナッツを買いながらその外国人と会話をかわし、誰でも望むな

らテンプル大学で教育を受けられるという話をしました。その貧しい外国人はその話を熱心に聞いていたそうです。

その後、彼はテンプル大学に入り、基本的な勉強から始めて、大学を卒業しました。今ではワシントンでも有名な開業医になっています。

心の中に燃え盛る野望を持ち、教育さえ受ければそれを実現できると思い立ったある事務員のこともよく覚えています。

彼はテンプル大学の夜学に入り、理学士の称号を得て卒業しました。今ではアメリカでも有力な証券会社の社長になり、裕福な生活を送っています。

まさに「意志のあるところ道は開ける」です。しかし、進むべき道を選ぶ際には、ちょっとした知恵が必要です。

軍隊を率いる将軍は当然戦いに勝利しようと考えています。しかし、敵の砲兵隊が狙いを定める開けた野原に自軍を進めてしまったら、待っているのは破滅と敗戦だけです。

優れた将軍は慎重に作戦を練り、自軍の戦力や兵数をできるだけ失わないように事を運びます。

同じように、人生の戦いでも慎重に作戦を練らなければなりません。

人は、自らの意志によって選択しない限り、自分のためだろうと、他人のためだろうと、工場であれ、商店であれ、その他どこであれ働くべきではありません。

「人は自ら思うがごとき人間になる」と旧約聖書の箴言《しんげん》は言います。

人間は自分を思うように調整し変えることができます。問題は、自分を構成する不適切な部品を調整しないまま放置している人が多いことです。回転輪にはベルトが付いていないし、ボイラーには火が入っていないので、蒸気で機械を動かすことができないのです。

自分に合っているものを見つけるには、まず自分のサイズを測る必要がありますが、それをしない人が多いのです。それでいて、自分はなぜ社会の底辺からはい上がることができないのだろうと首をひねっているのです。

自分の才能に気づいた女性

そう言えば、こんな若い女性がいました。

その女性は、自分は世の中に役立つ人間には決してなれないと思い込んでいました。その女性に私は「君にはいくつもの可能性がある」と言い、さらにこう続けました。

「気づいていないみたいだが、君には文章を書く才能がある。作家になったらいい」

彼女は首を横に振って笑いました。私がからかっているると思ったのでしょう。

その後、紆余曲折があって、結局彼女は物書きになりました。後に私を訪ねて来た彼女はこう言いました。今では作家として3000ドルの年収があり、そのうちもっと稼ぐようになるだろうと。

私は彼女の言葉を聞いて、思い出さずにはいられませんでした。

自分のことを正しく評価できず、週に3ドルを稼ぐのが精いっぱいだった頃の、若く貧しい彼女の姿を。

第2章　畑を「隅から隅まで」耕した男

——「そこそこ」は呪いの言葉

多くの人に共通する嘆かわしい傾向があります。

それは、人生という戦いの場において、めったにない幸運が自ら声を上げるまでじっと待つという傾向です。

幸運が、何年もの間、自分の頭を太鼓代わりにして遊んでいるというのにそれに気づかず、幸運が肩を叩くのをじっと待っている人さえいます。


ある発明が市場に出回るようになると、必ず起きることがあります。何人もの人間が、最初にそのアイデアを思いついたのは自分だと主張するのです。実際それが事実であることも少なくありません。

しかし、そうした人たちがただ座って夢を見たり、あるいは発明の完成度を上げようとあれこれ試みている間に、行動力のある人間が立ち上がって行動を起こしているのです。電信、電話、ミシン、エアブレーキ、草刈り機、無線——すべてそうでした。

どんなに優れたアイデアでも、実用化されなくてはなんの価値もありません。国が権利を認めてくれるのは、最初に特許を取った人物か、最初に実用化した人間だけです。これは世界中どこでも同じです。

ですから、単に夢を見ているだけでは、人に後れを取るしかないのです。

世界で最も偉大な人物として挙げられるリンカーン大統領が成功した秘訣

真に意志力がある人は集中力にも優れています。

南北戦争で私の部下の兵士が銃殺刑を言い渡されたことがあります。その兵士の許しを得ようとリンカーン大統領にお目にかかったときのことを私は一生忘れません。

大統領のオフィスのドアに向かって歩いている間、私は、アンティータムの戦いで自分たちの近くで砲弾が炸裂したとき以上に緊張していました。私はありったけの勇気を奮い起こしてドアをノックしました。すると中から声がしました。

「どうぞ入って」

机の前に座った大統領は私が入っても顔を上げませんでした。山積みの書類を片づけるのに忙しかったのです。

私は椅子に腰かけながら「北京かパタゴニアにでもいたほうがまだましだ」などと考えていました。

大統領は書類の山をひとつ片づけるまでこちらを見ようとしませんでした。やがて顔を上げて私を見るとこう言いました。

「とても忙しくて、差し上げられる時間が数分しかありません。お望みのことをできるだけ手短におっしゃってください」

私が事情を話すと、すかさず大統領は言いました。

「その件については聞いていますので、それ以上おっしゃる必要はありません。数日前に陸軍長官のスタントンが話してくれたのです。ご心配はいりません。20歳にもならない若者を銃殺するなどという命令書に私は決して署名しません。ですから、安心してホテルに帰ってお休みください。その若者のお母様にもそう告げてくださって結構です」

その後少しばかり会話を交わすと、大統領はすぐに別の書類の山に取りかかりはじめ、きっぱりとこう言いました。

「では、これで」

リンカーンは世界で最も偉大な人物のひとりですが、その成功の秘訣はたったひとつです。

何であれしなければならないことがあれば、それだけに集中し、それが終わるまで他のことには手を出さないのです。

それさえ貫けば、どんな人でも偉大になれます。

あることを「そこそこ」にやりとげて、それで満足してしまう人が多すぎます。

これはものごとを危うくする致命的な自己満足です。

「そこそこ」は呪いの言葉です。

「そこそこ」が会社をつぶし、国を危うくします。ものごとが完成に近づいたときに、完成度を損なうのが「そこそこ」です。

マサチューセッツ州知事のトールボットがその地位を得ることができたのは、スウィフト将軍が議会の演説で、この真理を次のような明るい言い方で言ってくれたおかげでした。

「私が州知事に推薦するのは、子どもの頃農家の息子として畑を『隅から隅まで』耕した男です」

この言葉は選挙運動のスローガンとなり、州のあちらこちらで叫ばれました。「畑を『隅から隅まで』耕した男。畑を『隅から隅まで』耕した男」と。

それこそ人としてのあるべき姿だと選挙民は思い、トールボットはマサチューセッツ州の知事選挙では空前絶後となる票を獲得して当選したのです。

一方で、やり過ぎにも注意しなければなりません。若い人は、知恵や知識をつける勉強と、心を壊してしまう勉強との間にしっかり線を引かなければなりません。

健康にいい運動と健康を害する運動、純粋で汚れのない良心と病的で狂信的な良心、よく考えられた節約としみったれた節約、適度で適切な勤勉と過労を招くような行き過ぎた勤勉を見分けるのです。

心の最良の状態というのは、身の回りで日々起こる問題をしっかりと把握して解決し、論理的な結論を出せるものであり、ものごとの意味するところを素早く読み取って、その本質をしっかりと理解することができるものです。

人間は日々見聞きするものによって作られていきます。ですから学校教育は、自分の周りで起きることが示す教訓を的確に読み取ることができるように生徒を訓練するのが目的となります。

人はその目をしっかりと使うことによって富を築いてきたのです。

チャンスを逃さず掴んだ少年

私は何年か前にニューヨークで、街でも指折りの富豪と食事をしたことがあります。食事をしながらその富豪は少年時代の話をしてくれました。

リュックを背に、ポケットに1ペニーも持たず、職を求めてエリー運河沿いに歩いて行ったそうです。

苦労の末に見つけた働き口は、運河で働く労働者たちが手を洗うのに使う液状石鹸を作る仕事で、週給3ドルでした。これ以上につつましやかなものは思いつきそうにない職業です。

しかし、少年はその仕事をしながら観察を怠りませんでした。液状石鹸には欠点が多いことを見抜き、固形石鹸を作る研究を始めたのです。

やがて固形石鹸を作るのに成功し、それで巨万の富を手にしました。

人には皆、何かしらの天職や、自分に合った特定の分野があります。神の御前においてその分野に従事する権利を持っているのです。

あなたが優秀な家政婦ならば、機織機《はたおりき》を使えるようになる必要はありません。あなたのすべきことは、自分に合った家政婦の仕事をするチャンスを逃さず掴む準備をすることです。

成功するためのもうひとつの秘訣

フィラデルフィアの有力紙パブリック・レジャーのオーナー、ジョージ・ウィリアム・チャイルズは若い頃、パブリック・レジャーのビルの前で靴磨きや新聞売りをしていました。

彼はそのビルを眺めては「いつかこの偉大な新聞社を自分のものにする」と繰り返し自分に言い聞かせていました。

仲間にその野望を打ち明けたら、笑いものにされましたが、チャイルズにはそんなことでへこたれない気骨がありました。

やがて彼は、わが国でも指折りの新聞社のひとつをその手にしたのでした。

成功するために必要なもうひとつの要因は、**待ち時間を有効に使う**ことです。

あなたは、食事や電車や仕事を待っている時間をどう過ごしていますか。こうした隙間時間を無駄にせず上手に使えるようになれば、誰でも人生を180度変えるだけの知識を身につけることができるはずです。


50年前のことになりますが、私はアメリカ上院に足を運んで、若い頃どのように勉強をしたかを議員たちに聞いて回ったことがあります。

多くの議員が待ち時間を上手に活用していました。大学出のチャールズ・サムナーも、キャンパスの中で学んだことよりも、キャンパスの外で本を読んで学んだことのほうが多いと言っていました。当時上院議員だったバーンサイド将軍は、店員として働いているとき、いつも傍らに本を置いて暇さえあれば読んでいたそうです。

この話題から離れる前に、もうひとつだけ言っておきたいことがあります。**真に意志の強い人は他の人の幸福に対しても敬意を払う**ということです。

自分のしたいことだけに気を取られて、他人に対する気配りを忘れてはいけません。周囲を喜ばせるという義務を果たせなければ、どんな義務も果たすことができないからです。

人生において敵を作ること、無知でいることほど高くつくものはありません。私は無用な敵を作らないように心がけています。それは、あまりにその代償が大きいからです。

成功を手にするために必要な道具は誰しもが持っています。あなたがしなければならないのは、人生における目標を何か見つけてそれに打ち込むことです。その目標はあなたにだけではなく世の中にも役立つものにしましょう。

断固たる決意の行く手をはばむものなどありません。あるとすれば、別の断固たる決意だけです。汚い手は使わず、闘うときは敢然と闘いましょう。

初めが肝心です。目線を高く保って、賢くスタートしましょう。それ以外に成功の方程式はありませんし、あるとしても私は知りません。

第3章

歴史に名を刻んだ人々に共通する たったひとつのこと

——「新イタリア王国建国の父」ダニエーレ・マニン、フランスの宣教師で探検家のルイ・ジョリエとジャック・マルケット、アメリカ最古の女子大学、マウントホールヨーク大学を創設したメアリー・ライアンほか

ハンディキャップを背負った少年が、「イタリアの統一」を成し遂げた話

ベネチアの偉大な政治家ダニエーレ・マニンの伝記には、意志の力が持つドラマチックな側面が描かれています。

マニンはベネチアの貧民街で生まれました。両親は身分も低く、お金もありませんでした。

1805年当時、ベネチアはオーストリアの支配下にあり、市民は貴族階級と小作人階級とにはっきりと分けられていました。

彼は生まれてすぐ父親に捨てられ、女手ひとつで育てられました。頭はあまりよくなく、学校では落ちこぼれでした。歴史上の偉人の多くがそうだったように、知能の発育が遅かったのです。彼が自活する道は運河の泥さらいくらいしかないように思われたほどでした。

今のアメリカには、これほどのハンディキャップを負っている子どもはなかなかいないはずです。

学ぶのに時間がかかる子どもは、その代わりに確実に学びます。歴史を振り返ってみると、偉人は大器晩成型であることが少なくありません。ナポレオンも、それを破ったイギリスのウェリントンも、少年時代は成績がよくありませんでした。リンカーンも若い頃はずっと劣等生だったと言われています。

ダニエーレ・マニンも8歳か10歳になるまで本を読んで学ぶということができませんでした。しかし、彼には潜在的な意志の力があって、それが若い頃突然開花したのです。

マニンの友人でハンガリーの政治家のコッシュートがニューヨークで行った演

説によると、マニンを眠りから目覚めさせたのはアメリカ合衆国であり、それがイタリアを独立へと導くことになります。

あるアメリカ人船長が、ベネチアで荷降ろしする際に、マニンを使い走りとして雇いました。そして船が出航するときに、1冊の本をマニンにプレゼントしました。

金で縁取りされたその本には、アメリカ初代大統領のジョージ・ワシントンと、独立宣言の署名者のひとりジョン・ハンコックの生涯が描かれていました。

船長を敬愛するようになっていたマニンは、その本を読むために英語を勉強すると約束します。そのときマニンは、英語の読み書きがまったくできず、船長から習った英語もわずか数フレーズだけでした。

しかし、船長がこの本をマニンにプレゼントしたことがベネチアを独立へと導き、その憲法に合衆国憲法の一部が取り入れられることにつながります。さらには、統一イタリアができる際にも合衆国憲法の理念が生かされることになります。

その本は、頭はよくないけれども勤勉なマニン少年の眠っていた意志の力を呼び覚ましました。

母親は、イタリア語の基本さえまだできていないのに、英語の勉強をするなど時間の無駄だと言って反対しました。しかしマニンは、自ら働いて稼いだ金で、英語の文例集や文法書を買い求めました。

教える教師もいないなか、そんな原始的な手段だけで、もらった本を読めるようになろうと決意したのです。

そんなマニンのことをセントマーク大聖堂で司祭を務める若い友人だけが、励ましてくれました。

マニンは夜遅くまで勉強し、夜明けとともに起きて朝食までの間、ひたすら勉強をしました。昼間は使い走りやゴンドラ漕ぎをして働きます。

こうして、周囲からはばかげているとしか見えない取り組みを始めてから数週間後、あるいは数カ月もたった頃でしょうか。ある夜マニンは、母親の部屋に興奮した様子で騒々しく駆け込んで来ると、こう叫んだのです。

「あの本が読めました！　読めたんです！」

外国語をマスターする人に必ずやって来る瞬間というものがあります。ある日突然、自分がその言語を使って考えていることに気づくのです。

そうなれば後は楽です。そのときのマニンにもそうした心理学的変化が訪れたのに違いありません。

あまりに突然で、あまりに劇的な変化だったので、友人の司祭はそれを奇跡として上に報告しました。そして、そのときから周囲の人びとは、マニンを畏敬《いけい》の目で見るようになりました。

この出来事について、１８４８年にベネチアに駐在していたアメリカのスパークス総領事はこう書いています。

「マニンは自分の経験した知的生まれ変わりのことをよく口にする。ワシントンの伝記を英語で読めるようになったことが、ベネチアが自由を勝ち取るための困難で危険な任務へと自分を導いたのだと」

ものごとを決意を持って最後までやり抜く能力が自分にあることを知ったマニンは、希望と野望を胸に抱くとともに、世の中をもっと大きな目で見るようになりました。

そして、英語以外の勉強もしようと思い立ちます。学校の教科書を手にすると、それらをすっかりマスターし、周りの人から「やることは遅いが、やりはじめたら必ずそれをものにする子だ」と言われるようになりました。

やがて、彼を支援してくれる親切な貴族が現れ、職を得ることができました。

マニンが粘り強くものごとを達成していった話は、どんなに優れた物語にも負けないくらい刺激的で面白いものです。

彼は努力の末に、イタリアで2番目に古い大学パドバ大学に入学を許されて、大学教育を受けることができました。大学では法律を学び、22歳のときに弁護士の資格を取ります。

ところが、オーストリア人の裁判官たちは彼が法廷に入るのを許さなかったため、家と弁護士事務所の間をただ往復する毎日が続き、2年近くたってからようやく依頼人を獲得することができたと言われています。

食べるものもない厳しい状況の中でも強い決意を失うことはなく、ついには裕福な貴族の令嬢の尊敬と愛を勝ち取ります。

ところが、ふたりが結婚して間もなく、義父の財産をオーストリア政府が没収してしまいました。アメリカ合衆国とつながりのある秘密結社と関係を持っているとのうわさが流れたからでした。

オーストリア人から「カルボナリ党」と呼ばれた愛国的秘密結社で、マニンはそのベネチア支部の指導者的存在となります。


彼の意志は休むことを知らないかのようでした。

1832年、ヨーロッパ全土で専制政治に対する革命の嵐が吹き荒れ、ベネチアも再びオーストリア帝国の支配下に置かれてしまいます。その年マニンは大統領に推薦されますが、就任を辞退します。

しかしその16年後の1848年に、マニンはほとんど全員一致でベネチア共和国の大統領に選出されます。

そして翌年、オーストリア帝国による包囲攻撃が始まる前に行われた選挙でマニンは再び大統領に選出されます。選挙を呼びかける演説の中で、マニンはある声明を出しました。

アメリカのスパークス総領事によれば、マニンは次のように宣言しています。

「選挙が行われて新体制が定まるまで、アメリカ合衆国憲法の次の条項をベネチアの憲法とします」

マニンはイタリアにアメリカのような共和国を作ろうとしていたのです。そして、後にそれがベネチアで実現するのを目にします。

現在イタリアのすべての大都市でマニンの彫像を見ることができます。ベネチアに彼の彫像が建てられ、市内の広場に彼の名前がつけられたとき、マニンは「新イタリア王国建国の父」と呼ばれました。

イタリア統一に貢献したジュゼッペ・ガリバルディ将軍は、マニンが統一イタリアの憲法の草案を作ったとき、アメリカの独立宣言を参考にしたと証言しています。

マニンは「イタリア新政府はアメリカ合衆国を模範にすべきだ」と主張し、そんなことをしたら国王の権限が大統領のように制限されてしまうと周りが反論しても、首をたてに振ろうとしなかったそうです。

イタリア統一運動の急進派マッツィーニも、カブールとガヴァッツィの両名も最後には折れて、アメリカ合衆国憲法に盛り込まれた自由と平等を求めるマニンの主張を受け入れました。

マニンはイタリアの統一を最後まで見届けることも、息子のジョルジオがイタリア陸軍の将軍となるのを目にすることもありませんでした。しかし、その強い意志はイタリア解放の原動力となり、その高い理想は今でも人びとを刺激し続けています。

「誰かができたなら、他の誰にでもできる」ということわざがあります。ですから、マニンが成し遂げたことは他の誰にもできるはずなのです。

一般的な読者は、北極の位置を突き止めたいなどと考えないでしょうし、そもそもすでに突き止められているかどうかにも関心がないでしょう。学者はそういった浮世離れした問題に取り組むことに喜びを見出すのでしょうが、多忙な一般市民が、慌ただしく手にした新聞でピアリーが北極を発見したという記事をもし読んだとしても、北極という土地そのものに興味がわくことはまずありません。

たとえ政府が広大な土地とたくさんの流氷をプレゼントしてくれると言ったとしても「ならば北極を訪ねてみよう」などという気は起こさないでしょう。読者が望んでいるのは「危険と寒さと飢えにさらされた状況の中で、いかなる意志の働きによって北極が発見されたか」を知ることです。

探検は偉大なゲームであり、そのフィールドは世界です。

強い意志を持っている人は世界中の尊敬を集めます。

人びとは、恋人に恋心をもつように英雄にあこがれますが、その英雄は必ず強い意志の持ち主です。

フランスの宣教師で探検家のルイ・ジョリエとジャック・マルケットがミシシッピ川を探検したときの話を読むと、さまざまな障害——インディアンからの襲撃、沼、湖、森、山、重荷、病気、怪我、疲労、失敗の兆候――に遭遇しながら目的を果たした彼らの人並み外れた意志の強さがよく伝わってきます。

そうした探検家は他にも数を上げるときりがありません。

ルイジアナに最初の植民地を建設したピエール・ルモアーヌ。

ミシシッピ川やスペリオル湖を探検したジョナサン・カーヴァー。

ルイジアナを探検初めて北部太平洋岸に達したルイス大尉とクラーク中尉。

ロッキー山脈のパイクス・ピークを発見したモンゴメリー・パイク。

アメリカ西部をカリフォルニア州まで探検したフレモント将軍。

北極点到達を目指しながら果たせなかったエリシャ・ケント・ケーンとチャー

ルズ・フランシス・ホール。

アフリカを探検したデビッド・リビングストン。

南太平洋を探検しハワイを発見したキャプテン・クック。

中央アフリカを探検し西洋人として初めてゴリラとピグミーの存在を確認したポール・デュ・シェーユ。

アフリカ探検家でリビングストンを発見したヘンリー・スタンリー。

彼らが他人と違うところといえば、強い意志を持っていたことだけであり、それが歴史に名を刻むことができた理由です。

女子校等教育の普及を実現させた主婦

女子高等教育の普及に力を注ぎ、アメリカ最古にして最難関の女子大学のひとつマウントホールヨーク大学を創設したメアリー・ライアンは、同じく女性教育に力を尽くしたキャサリン・ビーチャーの父親で聖職者のビーチャー博士の言葉を好んで引き合いに出しました。

「私は素晴らしくよく考えられ、素晴らしく調整された機械を持っていたが、ひとつだけ欠点があった。……動こうとしないのだ！」

一方、その娘キャサリン・ビーチャーはメアリー・ライアンのことを「小さな機械のくせに、動きすぎるくらい動く」と評していました。

マウントホールヨーク大学の最初の校舎がマサチューセッツ州サウスハドリーに建てられたときの落成式は、メアリーの歴史的な勝利を象徴する見事なものでした。

マウントホールヨーク大学の理事を務めていたポーター助祭の妻は、キャサリンの兄で聖職者のヘンリー・ウォード・ビーチャーにこう書いています。

「行列が町を行くときのライアンさんの顔をお見せしたかった。まるで天使のようでした」

メアリー・ライアンは、マサチューセッツ州バックランドの兄の家で、主婦としてジャガイモの皮をむいているときに、突然若い女性の高等教育実現のために力を尽くそうと思い立ちました。

そのとき以来、論文を書き、旅し、懇願し、資産をすべて投げ打って大学や学校を回りました。

休みなく動き回り、働き、祈り、訴える――そうした彼女の献身的な努力はマウントホールヨーク大学の設立となって実を結び、女性に高等教育への道を開きました。すべての国の女性は彼女に感謝しなければなりません。

女性が高等教育を受けられるようになったことで男性も恩恵を受けていますから、男性も彼女には感謝しています。

緑豊かなマウントホールヨーク大学のキャンパスを歩いていると、か弱い女性でも、厳しい制約がある中で、高い目標に向かって強い意志を持ち続けていれば、これだけのことができるのだということをしみじみと思わずにはいられません。

ヴァッサー、ウェルズリー、スミス、ブリンマーといった東部地区の名門女子大学や、西部・南部地区の35の女子大学はマウントホールヨーク大学の設立が刺激になって生まれました。

ひとりの孤独な女性、ひとつの強力な意志、ひとつの大きな心――神はそれを見て取り、メアリー・ライアンをお助けになったのです。


水力紡績機を発明したリチャード・アークライト、蒸気機関車を作ったスティーブンソン、白熱電球や蓄音機、映画など数多くの発明をしたエジソンは、真剣な顔つきで、歯を食いしばって夜を徹して発明に取り組みました。

メソジスト教派の創始者ジョン・ウェスリーやジョージ・ホイットフィールド、そして聖アウグスティヌスからドワイト・L・ムーディに至るまでの宗教改革者たちは、偉大な思想の勝利を信じて疑わない強い信念を持っていました。
禁酒法を推進したニール・ダウやエリザベス・フライ、そしてその後継者たちは、内に秘められた自らの信念の力に気づき、それを武器に禁酒という大義を推し進め、行く先々で人びとの目を覚まし、禁酒に賛成か反対かの立場を取らせたのです。

発明家のロバート・フルトンは「蒸気船を作ってみせる」と宣言し、実業家のサイラス・フィールドは「通信用の海底ケーブルをヨーロッパまで引いてみせる」と宣言しました。

建築家のクリストファー・レンはサンピエトロ大聖堂の建設者をまねて「私はセントポール大聖堂を建てる」と宣言しました。

ワシントンは独立戦争で総司令官として指揮を執ったとき「最後に勝利するために私のすべてを賭ける」と言い、南北戦争における北軍の指揮官だったグラント将軍は「この方針で最後まで戦い抜く」と決意を示しました。

リンカーンは1852年に行った演説で、師と仰ぐ政治家ヘンリー・クレイをこうたたえました。

「ヘンリー・クレイ氏は、どんなに貧しくても、何かをしたいという強い思いさえあれば、十分な教育を得て世の中で立派にやっていけることを示した見事なお手本でした」

これらの人びとにとっては、みすぼらしい丸太小屋でさえも立派な大学となるのです。

国務長官を務めたダニエル・ウェブスターが政治家になることを決意したのは、ニューハンプシャーの山の中で石ころだらけの畑を耕す仕事を終えて家路に着いたときでした。

政治家のトーマス・ベントンは、誰もがあんな荒野は手に負えないと考える中で、アメリカ西部の開拓を推進し、アメリカの領土をロッキー山脈にまで広げました。

リンカーン大統領のもとで財務長官を務めたサーモン・チェイスは、オハイオ州のカイヤホガ川でフェリーボートを運航する仕事をしていたとき、片時も離さず身につけていたものがありました。それは「意志のあるところに道は開ける」というモットーが書かれた手帳でした。

奴隷制廃止に尽力したチャールズ・サムナーは、自分のことを話すのが好きで、学識の高さを自慢したがるという悪い癖がありました。

あるとき作家で出版人のジェームズ・フィールズから「それが君の悪いところだ」と率直に指摘されてしまいました。サムナーはフィールズに礼を言い「そういうくだらない話は二度としない」と約束しました。

その後のことについてフィールズはこう書いています。

「彼は自分と戦い、その癖を克服した」

国務長官を務めたジェームズ・ブレーンはペンシルバニア州のワシントン大学に在学中、ひとりの学生がフットボールに熱中し過ぎて落第し、泣いているのを目撃しました。

それを見て、これはいけないと思った彼は「大学にいる間は二度とフットボールはしない」と母に宣言し、学校を卒業するまでその誓いを破りませんでした。

第20代大統領のジェームズ・ガーフィールドは、学費を稼ぐためにハイラム大学の教会の鐘をつくアルバイトをしていましたが、必ず時間ぴったりに鳴らしはじめると心に決め、1年間それを守りました。

ハイラム大学の学長は「周囲の村人は鐘の音を聞いて時計を合わせていたが、1年の間、1分として遅れることも進むこともなかった」と証言しています。

大統領を2回務めたグロバー・クリーブランドは18歳のころ、仕事から仕事へとふらふらと渡り歩いていました。そのため周囲の人びとが、牧師をしていた「敬虔過ぎるほど敬虔」な父親の不名誉になるようなことをそのうちしでかすぞと言い交わすほどでした。

クリーブランドはある演説の中でこう言っています。

「私は、マルチン・ルターのように、落雷に遭ってそれまでの生き方を変えました」

落雷に遭ったというのが何を指すのかはっきりしませんが、クリーブランドがあるひとつの職業を選んでそれに専念しようと固く決意したことだけははっきりしています。

法律家になることを選んだ彼は、弁護士の資格を取った後も、もっと法律の知識を深めたいという強い信念のもと、学校に残って3年間熱心に勉強を続けました。

第4章

バラバラになったリングを元に戻すのに必要なこと「私はやる」

――使われていない潜在能力をしっかりと把握し、的確に利用する

40年前のことです。マサチューセッツ州西部の小さな町に、銀行の出納係として働く若者がいました。彼は胃が弱く神経質で、少しひねくれたところがありました。

あるとき大きな工場がいくつか閉鎖となり、銀行の出資先数社が倒産を通告してきました。そのとき銀行の頭取はヨーロッパに滞在中で、町の人びとは銀行が大損害を被ったことを知りませんでした。

若い出納係は銀行の危機を感じ取ってほとんどパニック状態になりました。取りつけ騒ぎでも起きたら、手元の資金だけでは対応できなかったからです。

眠れない夜を過ごした彼は、銀行が窮地に立たされていることに町の人びとが気づきはしないかとびくびくしながら、銀行へとやってきました。眠いし、頭はぼおっとするし、気は滅入っていました。

そこへひとりの年老いた農民が小額の小切手を現金化しようとやって来ました。

すっかりふさぎ込んでいた出納係は、農民のあいさつにいつものように応えることができませんでした。表情はすっかり曇り、目は真っ赤、応接態度もぞんざいでした。金を数え終えると、それを投げるように農民に渡しました。

年老いた農民は慎重に金を数えると、出納係に向かって言いました。

「いったいどうしたんだ。銀行が倒産でもしそうなのか？」

農民が行ってしまってから、若者は気づきました。あんな態度をしていたら、隠すものも隠せないと。

銀行の中を行ったり来たりしながら、若者は勇気を奮い起こし「明るく振る舞おう、心をしっかり持ってくじけずにいよう」と心に決めました。

無理やり笑顔を作っていると、自分のその様子がおかしくて自然と笑いがこみ上げてきました。

また別の顧客がやってきました。今度は心のこもったあいさつをすることができました。

そうして午前中を過ごしているうちに、憂鬱な顔を見せたくないという気持ちがどんどん強くなっていきました。

お昼ごろ、銀行が危機に陥っている可能性があることをボストンの新聞が報道しました。そのニュースはたちまち町中に広まり、暴徒たちが銀行にやってきて、金を出せとわめきました。

しかし、出納係は笑顔で彼らに接し、興奮している彼らをからかう余裕さえ見せました。

18番目に来た顧客は年老いたドイツ人でしたが、出納係が冷静に明るくお金を数えているのを見ると、預金通帳を引っ込めて言いました。

「お金があるんだったら、今おろす必要はない。あんたんとこ、お金がなかったんじゃないのか！」

その言葉に周囲の人たちから笑いが起こりました。それから1時間半後には客はみな帰り、預金をおろした客のほとんどがまた預け直していました。

この出納係は、今では工場と鉄道の経営者になっており、豪胆で明るい人物として大成功を収めています。

彼はときどき当時の騒ぎを思い出し、自分はなんて「軟弱でちっぽけな人間」だったんだろうと思い返しているそうです。

この話から分かることは**対象が何であれ、それがどれだけの能力を持っているかをしっかり見極めることがとても重要です。**

潜在能力を価値ある仕事や有意義な目的に使って富を得た話

1850年代前半のことです。ニューヨーク州クーパーズタウン出身のある男がミネソタ州にあるセントアンソニー滝を訪れ、そこに作られていた小さな水車小屋を見て笑い出してしまいました。

確かに笑われてもしかたがありませんでした。その水車小屋の生産量はわずか数袋の小麦粉と数千フィートの木材だけだったのです。その男にしてみれば、象が子ども用のおもちゃを作っているとしか思えませんでした。

男の笑いが熱い議論を呼び起こし、ついには調査が行われることになりました。スネリング砦に駐屯していた軍隊の将校で土木技師が、セントアンソニー滝地点におけるミシシッピ川の能力を見積もるよう命じられました。

その将校の報告は人びとの想像をはるかに超えるものでした。それによると、セントアンソニー滝には、1日1万樽の小麦粉をひき、1時間に数百万立方フィートの板を切り出すだけの水車を回す能力があるというのです。

その見積もりでさえ実際の能力を下回っていたのですが、それさえも10年もの間受けいれられませんでした。

10年後になってようやく大きなダムが作られ、そのおかげでミネアポリスは大都市に発展し、今では最も素晴らしく、最も活気のある都会の代表格になっています。

それでもいまだに、1万馬力のエネルギーが無駄になっているのだそうです。

マサチューセッツのサウスハドリー滝に建てられた最初の製紙工場の能力は100馬力足らずでした。

スプリングフィールドのチェーピンという人物が技師を雇ってコネチカット川のその地点の能力を測らせましたが、報告された能力があまりに大きかったため信じてもらえず、その実用化には長い時間がかかりました。

しかし、ひとりの貧しい男が「俺が何とかする」と決意し、その地点ホールヨークに運河網を作り上げたのです。

おかげでコネチカット川の水を有効に使えるようになり、今ではスプリングフィールドは、年間何百万ドルもの生産量を誇る、快適で資金の潤沢な大都市となっています。

ホールヨークで利用される水力は非常に大きなものですが、それでも莫大な水がダムの上を無駄に流れ、その力を使い切れない人間の無力さをあざ笑っています。

若い人の意志の力もこれと同じです。頭脳は使い切っていないし、意志の力も限界まで出し切ってはいません。

優れた人物になるための第一歩は、自分たちが持っている、まだ使われていない潜在的な能力をしっかりと把握することです。

愚かな利己主義の持ち主なら別ですが、そうでないかぎり、自分が無駄にしているエネルギーの持つ可能性に気づいたら、その力を向けるべき対象をじっくりと考えてみるべきです。

意志の持つ大きな力が意味のないものに無駄遣いされ、ちゃんと使えば世界を豊かにする機械を作ることもできるのに、売れもしないおもちゃを作るのに使われていたりします。

人間の精神はよく発電機にたとえられますが、実に的確なたとえです。精神は、発電機と同じように自ら自動的に力を蓄えることができ、その力を価値ある仕事や有意義な目的に使えば、人類の幸せや進歩、知力の向上に寄与し、その結果として持ち主に富と名誉をもたらすからです。

ばらばらになったリングの謎解きに成功した若者

40年前、ほとんどすべての教師や父親たちが子どもたちに口々に言い聞かせた、マサチューセッツの若者に関するとても素晴らしい話があります。それは、私たちすべてが潜在的に持っている意志の力を見せるよい実例になっています。

そのことについて長々と語るつもりはありません。私たちに必要なのは、そのさわりの部分だけです。

ボストンからそう遠くない小さな村のよろず屋の入口に置かれた樽の上に、ひとりの若者が腰かけていました。

父親は働き者の職人で、熊手やクワやスコップといった農具を作ったり修理したりする小さな店を開いていました。

しかし若者は、母親が自分に甘いのをいいことに、店を手伝おうとはしませんでした。ただぶらぶらとカードゲームをしたり、酒を飲んだり、悪い仲間とつきあったりしていました。

学校へも行こうとしないので、いつも両親の悩みの種となっていましたし、近所の人たちからも悪いうわさを立てられていました。

彼は、しょっちゅう咳をしているのですが、本当に病気なのか、仮病を使っているのか分かりません。医者は屋外で働くことを勧めましたが、母親が心配して仕事に出しません。

彼は、近ごろドラッグストアや居酒屋などで見かけるたくさんの若者の典型的な例でした。

自分で稼がなくとも衣食住が与えられる、そんな身分がかえってよくありませんでした。意志を働かせることはあっても、それは勝手気ままに暮らす方向に向けてだけでした。

その頃のことを私は彼から聞いたことがあります。彼は、古代ローマの詩人ウェルギリウスの言葉を引用してこうたとえました。

「地獄へ転がり落ちる道は心地よいものなんですよ」

ある夜のこと、若者はポケットに手を突っ込みながら、仲間とチェッカーゲームをするために、例のよろず屋に向かってぶらぶらと歩いていました。

すると、店の近くにあるたったひとつの街灯の下で、薬の行商人が店を開いていました。そのワゴンの片側には「なんでも治す万能薬」と宣伝文句が書かれています。

そのとき19歳になっていた若者は、売り物にはたいして関心がありませんでしたが、何とはなしに行商人の売り口上を聞いていました。

やがて行商人は、とても固そうなリングをつなげた鎖を取り出すと、それを巧みにばらばらにしてしまいました。そして「このリングを再び元どおりにすることができたら、1ドル差し上げる」と宣言したのです。

その謎解きはふだんものごとに無関心な若者の心を動かしました。

ばらばらになったリングは人から人へと手渡され、やがて若者のところにやって来ました。彼はそれをぱっと見ただけで「僕にはできない」と言って次の人に渡してしまいました。

それを見た陽気な行商人は「そんなこっちゃ、一生貧乏暮らしだぞ」と若者に向かって叫びました。その言葉は若者の胸にぐさっと突き刺さりました。怒りにかられて言い返そうとしましたが、その勇気が出ません。

他の客たちがすべてリングを見終わると、若者はそれをもう1度見せてもらいました。しかし、その鉄製のリングはとても固く、どうやってても切ったり開いたりすることができそうにありません。

若者はリングをいまいましげに行商人に投げ返すと「ふざけるな。こんなのできっこないよ」と叫びました。行商人は笑いながらリングをくるくる回していとも簡単に元どおりの鎖にすると、それを若者に投げ返しながら皮肉っぽく言いました。

「家に持って帰って母ちゃんに見せな。母ちゃんならきっとできるから」

若者は恥ずかしさと怒りとみじめさとでいっぱいになりながら鎖を受け取ると、人ごみをそっと抜け出て家に帰り、裏階段を通って自分の部屋に戻りました。

若者は行商人に対して殺したいほどの憎しみを感じる一方で、自分自身にも嫌気がさしました。その夜若者は、遅くまで泣いて過ごしたに違いありません。

翌朝ベッドの端に腰かけながら、若者はじっと例の鎖を眺めていました。父親はずっと前に仕事に出かけて家にはいません。鎖相手の戦いはまさに悪戦苦闘となりました。

誰であれ、人生の成功を手にするには、悪戦苦闘の末に勝利を収めねばならない時期があります。さもなければ、人生は失敗です。**自分に勝てない者は他人にも勝てません。自分を支配できなければ、他人を支配できるわけもありません。**

このとき初めて若者は自分の「意志」の弱さに気づいたのでした。若者は胸が痛むほどの恥ずかしさを覚えました。

この問題を解かないかぎり、仲間にも、よろず屋にいるあの女の子にも二度と顔を合わせられません。古代神話に出てくるナゾナゾが古代人を苦しめた以上にこの問題は彼を苦しめたのでした。

人生において最も栄えある勝利は、どん底の状態から立ち上がり、揺るがぬ信念を持って「私はやり抜く」と叫ぶことです。

若者の戦いは厳しく、肉体的にも精神的にも緊張を強いられるものとなりましたが、彼は繰り返し自分に言い聞かせました。「絶対に謎を解いてやる」と。

食べるのも忘れて謎に取り組み続けたので、お腹が減って死にそうになりました。謎は独力で解くと決めていたので、母親に助けを求めることはしませんでした。

た。

そしてその晩、とうとうリングが外れて床の上に転がり落ちました。謎が解けたのです。これほどうれしい勝利は一生に何度もありません。

リング自体はただの鉄の塊でたいした価値はありませんが、自分自身に勝ったことは若者にとって数百万ドルの価値がありました。そして、アメリカにとってはその何百倍もの価値を生むことになります。

翌朝両親は、息子が自分たちより早く朝食のテーブルに着いているのを見て驚きました。

若者は両親にリングの謎を解いたことを話すと、続けて両親を驚かせ喜ばせることを口にしました。家でぶらぶらしていることにも飽きたので、そろそろ身を落ち着けて働きたいというのです。

彼は父親の店でも一番大変な仕事を自ら引き受け、そこから彼の気高く輝かしいキャリアがスタートしました。

弱かった体が頑丈になったうえに仕事も順調で、新しいアイデアを次々に出して商売を広げていきました。

数年後には父に代わって店の実権を握り、商売敵をはるかにしのぐ業績を上げるようになっていました。そして、彼は妻に言いました。

「そのうち百万ドル稼ぐよ。しかもすべて公明正大《こうめいせいだい》な手段でね」

当時は、百万ドルといえば目もくらむような金額でした。しかし、その言葉とおり百万ドルを手にすると、従業員の給与も着実に引き上げていきました。

彼は町の指導者的存在になり、町の事業を支援し助言するようになりました。

やがてほぼ満票で国会議員に選出され、それから11年間というもの政府の中核に居続け、やがてリンカーン大統領の親友となり、信頼できる片腕となります。

1864年のある日、北軍が南軍に敗れてしまい、人びとの顔は陰鬱な陰に覆われ、リンカーン大統領は眠れない夜を過ごしました。北軍が戦争に負け、国が南北に分裂してしまうかのように思われたのです。

実際その危機は増していました。シエラネバダ山脈やロッキー山脈などの山岳地帯を貫く大陸横断鉄道を建設し、それによってカリフォルニアを北部連邦政府につなぎ留めるという計画が断念せざるをえない事態に陥っていたからです。

鉄道を敷設する経路を調査した主任技師は、その理由をコストがかかり過ぎるからだと説明していました。財界の大物3人に声をかけたのですが、望みのない事業に金は出せないと断られてしまいました。

そのときマサチューセッツ州出身の大物上院議員がリンカーン大統領に、下院にひとりだけその大事業を引き受けることのできる男がいると話しました。

その上院議員はリンカーンにこう言いました。

「彼が引き受けると決意さえすれば、後は任せておいていい。慎重な男だが、意志の強さも人一倍だから」

リンカーン大統領はその下院議員を呼び出してこう説得しました。

「カリフォルニアまでの横断鉄道には陸軍1個師団以上の価値がある。北部連邦政府を窮地から救ってくれるはずだ。その建設に力を貸してくれないか」

下院議員は「3週間だけ時間をください」と言いました。

3週間後、彼は陸軍長官に1枚のメモを渡し、そのときフィラデルフィアにい

た大統領のもとへ届けるよう依頼しました。大統領の手元に届いたそのメモには
ひと言こう書かれていました。

「やります」

こうした、困難な事業を引き受けて最後までやり抜いた人の話ほど胸躍るもの
は他にありません。

現在大陸横断鉄道に乗って旅する人は、ワイオミング州シャーマンにある、海
抜2600メートルの鉄道最高地点に差しかかると、帽子を高く掲げます。

そこにはあの気高い英雄を記念して建てられた記念碑があり、旅行者は3つの

リングの問題を克服し、自分を犠牲にして国に尽くした人物に敬意を表するのです。

「私はやる」の精神で偉業を成し遂げた女性記者

意志の持つ力について、これ以上実例をつけ加える必要はないかもしれませんが、南北戦争直後のワシントンで報道の世界に身を置いていた人なら忘れることのできない話があります。

ニューヨーク・インデペンド紙のワシントン特派員で、とても優れた記事を書く、天才的に文章の上手な女性記者がいました。

実は彼女は、大陸横断鉄道の建設に貢献した下院議員と同じ名字ですが、別に親戚でも何でもありません。今回それが理由で彼女のことを取り上げるわけではありません。

彼女はもうすぐ33歳というときに離婚して家庭を失い、貧乏と病気で苦しむことになっただけでなく、いわれのない非難中傷を受ける羽目になりました。

知人たちは、周囲から見捨てられてしまうぞとか、毎日の生活費を稼ぐのは人変だぞとか、一人ぼっちの生活は寂しいぞなどと言い立てます。

悲しい境遇の哀れな犠牲者としか言いようがありません。これまで大した教育も受けていないし、毎日家事で忙しくて本を読んでいる暇もありませんでした。

そんな彼女の、新聞記者としての輝かしいキャリアがどのように始まったかは、彼女がワシントンで大勢の客を集めて開く文筆家たちのパーティでも一番の話題となったものです。

新聞記者になる前、彼女を気にかけてくれる人たちから助言をされました。

離婚した女性は教養のある女性には敬遠されるし、上流階級の男性たちには物笑いの種にされるだけだから、生活費を稼ぐには、裁縫や刺繍の仕事をするか、看護師にでもなるほうがいいと。

彼女は体が丈夫ではないので、洗濯や料理をして働くことはできそうにもありませんでした。それでも彼女は、女性らしい何か価値のあることをしたいという願いを心に抱いていました。

女性は年をとるとたいてい、人生において何か忘れ物をしたような思いにとらわれるものです。

男性は自分のしたいことを自由にやれますが、女性は慣習に縛られたり、周囲の目をはばかって、自分の希望を抑えたり、隠したりせざるをえません。

今の世の中では、女性が実力を発揮したり、理想を追求したりということがまだまだ難しいのです。

男性と変わらぬ野心やビジョンや能力を持ちながら、大聖堂を建てることも、川に橋を架けることも、鉱山を発見することも、国を起こすとも、蒸気船を発明することもありませんし、芸術の世界や実業界、政治の世界で活躍することもめったにありません。

持って生まれた才能には気づき、自分なりの理想も持っていますが、それらを表に出すことができないまま時間切れとなってしまうのです。

しかし、ニューヨーク州中部出身のこの女性記者は例外でした。『ジェーン・エア』を書いたシャーロット・ブロンテのようにこう宣言したのです。

「私はペン一本で生きていきます」

偉大な作家ブロンテのように、最初は多くの拒絶に会い、原稿は何度も没にされました。

当時、新聞の世界では女性はけし粒同然の存在でした。しかし、周囲から批判されたり、友人に慰められたりすると、いつも彼女は「私はやります」とだけ答えました。

1883年、優秀な編集者で彼女の2番目の夫となる人からプロポーズされてそれを受け入れると、当時の大統領は次のような手紙を彼女に送りました。

「ご結婚おめでとうございます。しかし、こんなにも優れた才能が結婚によって失われてしまうのは人類にとって大きな損失です」

車でシャンプレーン湖からニューヨークに向う途中には「私はやる」の精神で偉業を成し遂げた人にゆかりの町がいくつかあります。

まずはシャンプレーン湖湖岸のバーモント州バーリントン。そこにあるバーモント大学は、バーンズが「私はやる」と宣言したところです。

その約100マイル東、セントジョンズベリーに行くと「私はやる」と言って町の発展に尽くした実業家サディアス・フェアバンクスの名前が町中で見かけられます。

セントジョンズベリーから120マイルほど下ったブラトルバロの町では、少年時代に「僕はやる」と言って、今では町の代表的企業となったエスティーオルガン社を起こしたエスティーの名前を繰り返し放送しています。

さらにその先、約150マイル南のホールヨークで力強く流れる運河を見ていると、運河の建設に貢献したチェースとホイットニーの顔が川面に浮かんできます。ふたりも貧乏だった頃「私はやる」と宣言したのです。

ホールヨークに隣接したスプリングフィールドでは、商店や銀行や工場の看板に「私はやる」の精神で町を豊かにした若きチェーピンの名前が見られます。

さらに下ってニューヨークの手前、大西洋岸の町ニューヘイブンでは、綿の製造機を発明してアメリカ南部の綿生産の発展に寄与したエリ・ホイットニーの名前が通りや大学の建物の名前として残っており、彼の強い意志が寄せられた場所となっています。

それだけではありません。シカゴやデンバー、ロサンゼルス、ニューオーリンズ、アトランタ、ローリー、ナイアガラ、ピッツバーグなどアメリカの都市のほとんどは、どこにでもいる普通の人が意志の力を使って自分たちの理想を実現したものです。

一部の人の力だけでこれだけのことを成し遂げたのですから、人びとが全員残らず自分の力の限りを尽くして何かをしていたとしたら、どんなにすごいことが実現していたでしょう。

建築、商業、芸術、向上、教育、そして宗教。ちょっと考えただけで頭がくらくらしてきます。

しかし現実は、何かを成し遂げようとした人は少なく、ごく一部の人だけが強い意志で何かを成し遂げたのです。

これから世の中を背負って立つ若い人たちには、ぜひそういう高い志を持って何かを成し遂げる人間のひとりになってほしいものです。

成功をつかみとる「意志力」の10のキーワード

◆1：自らの「意志」を解き放ち、「進め」と告げさえすれば、成功に向かって進みはじめる

決意こそが、人生という道を前に進む推進力となり、逆境という弾丸から守る鎧になる。

◆2：私たちはみな知らず知らずのうちに宝の山の上を歩いている

宝は、自分の家の裏庭や、表玄関の階段に横たわっている。私たちはただそれに気づいていないだけ。

◆3：何であれしなければならないことがあれば、それだけに集中し、それが終わるまで他のことには手を出さない

一方でやりすぎにも注意しなければならない。身の回りで起きることが示す教訓を的確に読み取って、その本質をしっかりと理解し、見分けることが必要。

◆4：「そこそこ」は呪いの言葉

「そこそこ」は自己満足。「隅から隅まで」は他人満足。

◆5：真に意志の強い人は、他の人の幸福に対しても敬意を払う

他人に対する気配りを忘れてはいけない。周囲を喜ばせることができれば、自分も幸福になれる。

◆6：成功を手にするために必要な道具は誰しもが持っている

人生における目標を見つけてそれに打ち込むこと。その目標は世の中に役立つものにする。

◆7：対象が何であれ、それがどれだけの能力を持っているかをしっかり見極めることが重要

人物、物、情報……それらが人びとに対してどれだけの影響力を持っているかを見極めて、それに影響されず、自分がどう対応するかが重要。

◆8：優れた人物になるには、自分が持っている、まだ使われていない潜在的な能力をしっかりと把握する

自分が持つエネルギーの可能性に気づいたら、その力を向けるべき対象をじっくり考える。価値ある仕事や有意義な目的に使えば、人類の幸せや進歩、知力の向上になり、結果として富と名誉をもたらす。

◆9：自分に勝てない者は他人にも勝てない。自分を支配できなければ、他人を支配できるわけもない

人生において最も栄えのある勝利は、どん底の状態から立ち上がり、揺るがぬ信念をもって、「私はやり抜く」こと。

◆10：「私はやる」の精神で成功をつかみとる

どこにでもいる普通の人でも「意志の力」を使って自分の理想を実現できる。自分の力の限りを尽くして何かをする。高い志をもって何かを成し遂げる人間になる。

■著者紹介

ラッセル・ハーマン・コンウェル

1843年、マサチューセッツ州に生まれる。ウィルブラハム・アカデミーを卒業後、イェール大学在学中に南北戦争で北軍に従軍。戦後は法律学校に通ったのち弁護士・作家・ジャーナリストとして活躍。その後、牧師となりテンプル大学を創立、初代学長となる。全米各地で6000回以上にわたって講演を行い、評判を呼んだ。1925年没。

■訳者紹介

関岡孝平（せきおか・こうへい）

1952年静岡市生まれ。静岡大学工学部卒業後、大手電気メーカーでコンピュータの開発に携わる。在職中から出版翻訳を手がけ、定年退職後の現在はフリーランサー。訳書に『投資家のヨットはどこにある？』『１日１回のレンジトレード』『富を築く技術――金儲けのための黄金のルール20』『【原典完訳】引き寄せの法則』『富と幸福の探し方』（いずれもパンローリング社）などがある。

■編集協力

町山和代（まちやま・かずよ）

2013年 10月 2 日 初版第 1 刷発行

フェニックスシリーズ ⑮

意《い》志《し》力《りょく》の法《ほう》則《そく》

著　者　　ラッセル・ハーマン・コンウェル
訳　者　　関岡孝平
発行者　　後藤康徳
発行所　　パンローリング株式会社
〒 160-0023　東京都新宿区西新宿 7-9-18-6F
TEL 03-5386-7391　FAX 03-5386-7393
http://www.panrolling.com/
E-mail　info@panrolling.com
装　丁　　パンローリング装丁室
印刷･製本　株式会社シナノ

ISBN978-4-7759-4118-8